Le loup et l'agneau

Jean de La Fontaine - Illustrations

Editions Lito

La raison du plus fort est toujours la meilleure,
Nous l'allons montrer tout à l'heure.
Un agneau se désaltérait
Dans le courant d'une onde pure.

Un loup survient à jeun qui cherchait aventure,
Et que la faim en ces lieux attirait.
« Qui te rend si hardi de troubler mon breuvage ?
Dit cet animal plein de rage ;
Tu seras châtié de ta témérité.

– Sire, répond l'agneau, que Votre Majesté
Ne se mette pas en colère ;
Mais plutôt qu'elle considère
Que je me vas désaltérant
Dans le courant,
Plus de vingt pas au-dessous d'elle,
Et que par conséquent en aucune façon
Je ne puis troubler sa boisson.

– Tu la troubles, reprit cette bête cruelle,
Et je sais que de moi tu médis l'an passé.
– Comment l'aurais-je fait, si je n'étais pas né ?
Reprit l'agneau, je tète encor ma mère.

– Si ce n'est toi, c'est donc ton frère.
– Je n'en ai point. – C'est donc quelqu'un des tiens :
Car vous ne m'épargnez guère,
Vous, vos bergers et vos chiens.
On me l'a dit : il faut que je me venge. »

Là-dessus au fond des forêts
Le loup l'emporte, et puis le mange
Sans autre forme de procès.

ISBN 978-2-244-40165-2
www.editionslito.com

Lito - 41, rue de Verdun,
94500 Champigny-sur-Marne
Imprimé en UE
Loi n° 49-956 du 16 juillet 1949
sur les publications destinées à la jeunesse.
Dépôt légal : août 2016